Ernst Probst

Angelika Machinek. Eine Segelfliegerin der Weltklasse

GRIN Verlag

Bibliografische Information der Deutschen Nationalbibliothek:

Die Deutsche Bibliothek verzeichnet diese Publikation in der Deutschen National-bibliografie; detaillierte bibliografische Daten sind im Internet über http://dnb.d-nb.de/ abrufbar.

Impressum:

Copyright © 2010 GRIN Verlag, Open Publishing GmbH
Druck und Bindung: Books on Demand GmbH, Norderstedt Germany
ISBN: 978-3-640-73630-0

Dieses Buch bei GRIN:

http://www.grin.com/de/e-book/159195/angelika-machinek-eine-segelfliegerin-der-weltklasse

GRIN - Your knowledge has value

Der GRIN Verlag publiziert seit 1998 wissenschaftliche Arbeiten von Studenten, Hochschullehrern und anderen Akademikern als eBook und gedrucktes Buch. Die Verlagswebsite www.grin.com ist die ideale Plattform zur Veröffentlichung von Hausarbeiten, Abschlussarbeiten, wissenschaftlichen Aufsätzen, Dissertationen und Fachbüchern.

Besuchen Sie uns im Internet:

http://www.grin.com/

http://www.facebook.com/grincom

http://www.twitter.com/grin_com

Dr. Angelika Machinek (1956–2006)
Foto: Dr. Angelika-Machinek-Förderverein e. V., Kirchheim/Teck

Ernst Probst

Angelika Machinek

Eine Segelfliegerin
der Weltklasse

Dr. Angelika Machinek (1956–2006)
gewidmet

*Für wertvolle Hilfe
bei der Entstehung der Kurzbiografie
über Dr. Angelika Machinek
bedankt sich der Autor bei
Susanne Schödel,
1. Vorsitzende,
Dr. Angelika-Machinek-Forderverein e. V.,
Kirchheim/Teck*

Dr. Angelika Machinek (1956–2006)
Foto: Dr. Angelika-Machinek-Förderverein e. V., Kirchheim/Teck

Eine der besten Segelfliegerinnen der Welt war die erfahrene deutsche Fluglehrerin für Segelflug, Motorflug, Ultraleichtflug und Ballonflug, Dr. Angelika Machinek (1956–2006). Fünf Titel als Deutsche Segelflugmeisterin, zahlreiche Medaillen bei internationalen Segelflug-Meisterschaften sowie viele Segelflug-Weltrekorde krönten ihre fliegerische Karriere. Ihr Lebensmotto hieß: „Es ist ein grenzenloses Glück, die Welt von oben sehen zu dürfen".

Angelika Machinek kam am 17. November 1956 in Holzminden zur Welt. Bereits im Alter von 14 Jahren begann sie 1971 auf dem traditionsreichen Segelfluggelände Ithwiesen im Weserbergland (Niedersachsen) ihre Segelflugausbildung. Dort wird schon seit 1929 die Fliegerei großgeschrieben. 1973 legte sie die Luftfahrerschein-Prüfung (L I / L II) ab und war danach Jugendleiterin der „Luftsportvereinigung Eschershausen" („LSV Eschershausen"). 1974 erwarb sie die Motorsegler-Berechtigung und 1979 die Kunstflug-Berechtigung. 1980 absolvierte sie die Fluglehrerprüfung und erhielt die Lehrberechtigung PPL-C (PPL = Private Pilote License). 1982 kam die Ultraleicht-Berechtigung hinzu.

Nach dem Studium der Soziologie und Germanistik in Göttingen (Niedersachsen) legte Angelika Machinek 1981 ihr erstes Staatsexamen für das Lehramt an Gymnasien ab. 1984 wurde sie Ausbildungsleiterin der Ausbildungsgemeinschaft der „LV Göttingen" und

„LSV Witzenhausen". 1985 erhielt sie die Lehr-
berechtigung PPL-B, wurde Mitglied der Segelflug-
Nationalmannschaft und nahm an der 1. Segelkunstflug-
Weltmeisterschaft in Mauterndorf (Österreich) teil.

1985 promovierte Angelika Machinek im Fach Neuere
Deutsche Literatur in Frankfurt am Main. Danach
arbeitete die vielseitig begabte Frau zunächst als
Dramaturgin am Theater, dann als Verlagslektorin und
zuletzt als selbstständige Immobilien-Kauffrau in
Frankfurt am Main.

1986 folgte der Erwerb der Lehrberechtigung PPL-A
für Motorflugzeuge und der Schleppberechtigung für
Schleppen von Segelflugzeugen. Damals avancierte sie
zur Werkstattleiterin für die Wartung und Reparatur von
Segelflugzeugen und Motorseglern in Holz- und
Gemischtbauweise sowie von Kunststoff-Flugzeugen.

1987 wurde sie Geschäftsführerin im Vorstand des „LSV
Witzenhausen".

1988 konnte sich Angelika Machinek über die „Gold-C
mit drei Diamanten" freuen. Für dieses begehrte
Leistungsabzeichen muss man folgende Leistungen
erbringen: Diamantstrecke = ein Flug über mindestens
500 Kilometer, Diamantziel = ein Flug von mindestens
300 Kilometer über eine Zielrückkehr- oder Dreieckstrecke in der vorher angemeldeten Reihenfolge (als
geschlossener Kurs), Diamanthöhe = ein Höhengewinn
von mindestens 5.000 Meter. 1989 erfolgte ihre Berufung
zur Prüfungsrätin beim Regierungspräsidium Kassel.

1990 erwarb Angelika Machinek die Ultraleicht-Lehrberechtigung. In jenem Jahr nahm sie auch gemeinsam mit Marion Hof mit einem „Kiebitz" („D-MIAU") am Amelia-Earhart-Gedächtnis-Flug nach Burry Port (Wales) teil. In Burry Port war die berühmte amerikanische Fliegerin Amelia Earhart (1897-1937) am 18. Juni 1928 nach dem ersten Flug einer Frau über den Atlantik zusammen mit Wilmer („Bill") Stultz und Louis („Slim") Gordon gelandet.

1992 ehrte man Angelika Machinek und die legendäre deutsche Fliegerin Elly Beinhorn (1907–2007) im „International Forest of Friendship" der „Ninety Nines". Der 1973 von der amerikanischen Pilotin Fay Gillis Wells (1908–2002) angeregte „International Forest of Friendship" neben dem Lake Warnock in Atchinson (Kansas) wurde am 24. Juli 1978 offiziell eröffnet. Dieser Wald wurde von der Stadt Atchinson und „Ninety Nines" begonnen. Er ist eine Gedenkstätte für Männer und Frauen in der Luft- und Raumfahrt. Jeder Baum in diesem Wald steht stellvertretend für einen der amerikanischen Bundesstaaten oder für eines der Länder, aus denen die Geehrten stammen. Jeder Baum hat eine eigene Flagge. Ein Pfad durch den Wald enthält Granitplatten mit den Namen von mehr als 1.200 berühmten Persönlichkeiten aus der Luftfahrt wie Amelia Earhart bis zu den Brüdern Orville und Wilbur Wright.

1993 erwarb Angelika Machinek die Nachtflug-Berechtigung (NVFR-Berechtigung), die CVFR-

Fay Gillis Wells (1908–2002),
amerikanische Journalistin und Pilotin,
hat 1973 den „International Forest of Friendship"
angeregt,
der am 24. Juli 1978
neben dem Lake Warnock in Atchinson (Kansas)
offiziell eröffnet wurde.
Sie wurde am 1. September 1929
als erste Frau
in den 1922 gegründeten „Caterpillar-Club" aufgenommen,
dem männliche und weibliche Piloten angehören,
die ihr Leben durch einen Sprung
mit einem Fallschirm retten konnten.
Am 2. September 1929 war sie eines
der Gründungsmitglieder der „Ninety Nines".
Dieser Club sollte die Stellung der Frauen
in der Luftfahrt stärken.
1932 war sie die erste Amerikanerin,
die ein sowjetisches Zivilflugzeug flog.
1939 gründete sie den „Overseas Press Club".
1992 nahm man sie in die „Pionier Hall of Fame"
der „Women in Aviation International" auf.
2003 galt sie eine als
eine der 100 wichtigsten Frauen in der Luftfahrt.

Foto: „National Aeronautics and Space Administration"
(„NASA")

Amelia Earhart (1897–1937), Foto: Library of Congress,
Prints and Photographs Division, Washington

Elly Beinhorn (1907–2007).
Foto: Professor Dr. med. Bernd Rosemeyer

Berechtigung, Ballon-Berechtigung (PPL-D) und Lehrberechtigung PPL-A für Motorflugzeuge. Die Nachtflugberechtigung erlaubt Flüge mit dem in der Lizenz eingetragenen Flugzeugmuster zwischen 30 Minuten nach Sonnenuntergang bis 30 Minuten vor Sonnenaufgang. Die CVFR-Berechtigung (CVFR = Controlled Visual Flight Rules") ermöglicht Piloten den Einflug in besonders geschützte Lufträume über großen Flugzeugen und Bereichen, in denen normalerweise nur Verkehrsflugzeuge anzutreffen sind.

Einer der vielen Höhepunkte im Fliegerleben von Angelika Machinek war 1994 der erstmalige Gewinn der Deutschen Meisterschaft in der FAI-15m-Klasse bzw. Rennklasse in Marpingen (Saarland). Ab dieser Zeit war sie Sprecherin der Deutschen Segelflug-Nationalmannschaft und stimmberechtigtes Mitglied im Fachausschuss Leistungssegelflug. 1994 erwarb sie auch die Streckenflug-Trainerlizenz (B-Trainer).

1995 erfolgte die Berufung von Angelika Machinek zur Prüfungsrätin beim Regierungspräsidium Darmstadt. Bei der Frauen-Segelflug-Europameisterschaft errang sie die Bronzemedaille. 1996 erwarb sie die Lehrberechtigung PPL-D und wurde Ausbildungsleiterin Motorflug im „Aero-Club Bad Nauheim".

1997 erwarb Angelika Machinek die Nachtflug-Berechtigung PPL-D. In Bitterwasser (Namibia) erzielte sie vier Motorsegler-Weltrekorde. Bei der Frauen-Segelflug-Europameisterschaft in Priedviza (Slowakei) erkämpfte sie die Bronze-Medaille.

1998 wurde Angelika Machinek in Jena (Thüringen) „Deutsche Meisterin" in der FAI-15m-Klasse bzw. Rennklasse. In jenem Jahr erwarb sie auch die A-Trainer-Lizenz (DSB) und siegte bei der Elly-Beinhorn-Rallye (Motorflug).

1999 feierte Angelika Machinek in Bitterwasser (Namibia) weitere fliegerische Erfolge. Sie siegte im 1000-km-Dreieck und stellte drei weitere Segelflug-Weltrekorde auf. Bei der Frauen-Segelflug-Europameisterschaft in Leszno (Polen) gewann sie die Bronze-Medaille.

In Neresheim auf der „Schwäbischen Alb" (Baden-Württemberg) wurde Angelika Machinek 2000 „Deutsche Meisterin" in der FAI-15m-Klasse bzw. Rennklasse. Beim „Internationalen Hahnweide-Wettbewerb" errang sie den zweiten Platz.

Die „Fédération Aéronautique International" (FAI) als höchste internationale Luftfahrtorganisatioin verlieh Angelika Machinek 2000 für Weltbestleistungen im Frauensegelflug eine der höchsten Auszeichnungen im Luftsport, die „Pelagia Majewska Gliding Medal". Diese 1989 erstmals vergebene Medaille ist nach der polnischen Segelfliegerin Pelagia Majewska (1933–1988) benannt, die 17 Weltrekorde und 21 nationale Rekorde aufstellte. 2001 wurde Angelika Machinek bei der ersten Segelflug-Weltmeisterschaft der Frauen in Pociunai (Litauen) Vize-Weltmeisterin. Auf der Hahnweide bei Kirchheim-Teck (Baden-Württemberg) wurde sie 2002 Deutsche

Foto auf der nächsten Seite:

Dr. Angelika Machinek (1956–2006)
beim Flugtag 2006 in Sinsheim
Foto: Technolust aus der deutschsprachigen Wikipedia,
(via Wikimedia Commons),
lizensiert unter CreativeCommons-Lizenz by-sa-3.0-de
http://creativecommons.org/licenses/by-sa/3.0/legalcode

Pelagia Majewska (1933–1988).
Foto: Aercoclub Lublin (Polen)

Vizemeisterin in der FAI-15m-Klasse. In Bitterwasser (Namibia) stellte sie 2002 zwei Segelflug-
Weltrekorde auf: Geschwindigkeitsrekord über die
100 km Dreieckstrecke mit 142,4 km/h und Geschwindigkeitsrekord über die 300 km Dreieckstrecke
mit 153,8 km/h. Beide Rekorde erflog sie in der Klasse
D15F.

Bei der Weltmeisterschaft in Jihava (Tschechien) gewann
Angelika Machinek 2003 die Bronzemedaille in der
Rennklasse. Beim ersten „Internationalen Hexencup"
(Gemischte Klasse) im selben Jahr in Klix (Lausitz,
Sachsen) ging sie als Siegerin hervor. Beim „Deutschen
Segelfliegertag" am 1. November 2003 in Hagen
zeichnete man sie mit dem „Silbernen Ehrenteller des
DAeC" für zwei Deutsche Klassenrekorde zusammen
mit Petra Liebert, neun Deutsche Rekorde und zwei
Weltrekorde im Jahre 2003 aus.

2004 wurde Angelika Machinek in Klix erneut
„Deutsche Meisterin" in der FAI-15m-Klasse. Die
fünfte Deutsche Meisterschaft in der FAI-15m-Klasse
holte sie 2006 in Coburg (Bayern). In Szeged (Ungarn)
erreichte sie beim „1. International Flatland Cup" den
ersten Platz.

Angelika Machinek verfasste zahlreiche Beiträge über
Frauen in der Luftfahrt und zum Segelflug. 2006
überarbeitete sie das Standardwerk für Segelflug-
Theorie „Der Segelflugzeugführer" (Kühr Band 7).

Bild auf der nächsten Seite:

*Kurzbiografie über Dr. Angelika Machinek (1956–2006)
im Online-Lexikon „Wikipedia"*

Angelika Machinek

aus Wikipedia, der freien Enzyklopädie

Angelika Machinek (* 17. November 1956; † 12. Oktober 2006 in der Nähe von Echzell) war eine deutsche Segelfliegerin.

Angelika Machinek studierte Soziologie und Germanistik in Göttingen. 1981 legte sie ihr erstes Staatsexamen für das Lehramt an Gymnasien ab, 1985 promovierte sie im Fach Neuere Deutsche Literatur in Frankfurt am Main. Anschließend war sie als Dramaturgin am Theater und als Verlagslektorin tätig. Zuletzt arbeitete sie als selbstständige Immobilienkauffrau in Frankfurt am Main.

Bereits als 14-Jährige begann sie mit dem Segelfliegen und legte 1973 die Luftfahrerscheinprüfung ab. Es folgten 1979 die Kunstflugberechtigung und 1980 die Fluglehrerprüfung. Sie war Fluglehrerin für Segelflug, Motorflug, Ultraleichtflug und Ballonfahrt. Ihre besondere Leidenschaft galt jedoch dem Segelflug. Ihr größtes Anliegen war die Etablierung der Deutschen Meisterschaft der Frauen. Sie war Sprecherin der Segelflug-Nationalmannschaft und wurde fünfmal Deutsche Meisterin, daneben errang sie mehrere Medaillen bei Welt- und Europameisterschaften sowie mehrere Weltrekorde.

Angelika Machinek auf dem Flugtag 2006 in Sinsheim

Die FAI als höchste internationale Luftsportorganisation würdigte sie mit einer der höchsten Auszeichnungen im Luftsport, der Pelagia Majewska Gliding Medal für Weltbestleistungen im Frauensegelflug. In weiteren Funktionen war sie Sachverständige und Prüfungsrat in Hessen, Referentin für Leistungsflug der Deutschen Segelflugkommission, Vorsitzende des Fachausschusses Spitzensport und Vertreterin der deutschen Interessen bei der Internationalen Segelflugkommission. Ihr Verein war der Aero Club Bad Nauheim.

Am 12. Oktober 2006 kam sie im Alter von 49 Jahren in der Nähe von Echzell an der A 45 bei einem Absturz mit einem Ultraleichtflugzeug ums Leben.

Im Andenken an Angelika Machinek wurde am 6. Januar 2007 der „Dr. Angelika Machinek – Förderverein Frauensegelflug" gegründet.

Sportliche Titel

- 1994 Deutsche Meisterin Rennklasse (Marpingen)
- 1995 Bronzemedaille EM Marpingen
- 1997 Bronzemedaille EM Prievidza/Slowakei
- 1998 Deutsche Meisterin Rennklasse (Jena)
- 1999 Bronzemedaille EM Leszno/Polen
- 2000 Deutsche Meisterin Rennklasse (Neresheim)

Bild auf der nächsten Seite:

Lebenslauf von Dr. Angelika Machinek
beim „Dr. Angelika Machinek-Förderverein e.V.“

Dr. Angelika Machinek – Fliegerischer Lebenslauf

1971   Beginn der Segelflugausbildung
       (Segelfluggelände Ithwiesen, Niedersachsen)

1973   Luftfahrerscheinprüfung L I / L II
       Jugendleiterin des LSV Eschershausen

1974   Erwerb der Motorseglerberechtigung

1979   Segelkunstflug-Berechtigung

1980   Fluglehrerprüfung und Erteilung der Lehrberechtigung PPL-C

1982   Erwerb der UL-Berechtigung

1984   Ausbildungsleiterin der Ausbildungsgemeinschaft LV Göttingen und
       LSV Witzenhausen

1985   Lehrberechtigung PPL-B
       Mitglied der Segelkunstflug-Nationalmannschaft und Teilnahme an der 1.
       Segelkunstflug-Weltmeisterschaft in Mauterndorf/Österreich.

1986   Erwerb PPL-A und der Schleppberechtigung
       Werkstattleiterin für die Wartung und Reparatur von Segelflugzeu-gen und
       Motorseglern in Holz- und Gemischtbauweise sowie von Kunststoff-Flugzeugen

1987   Geschäftsführerin im Vorstand des LSV Witzenhausen

1988   Gold-C mit drei Diamanten

1989   Berufung zur Prüfungsrätin beim RP Kassel

1990   Erwerb der UL-Lehrberechtigung

       Amelia Earhart-Gedächtnisflug mit einem Kiebitz (D-MIAU) nach Burry Port,
       gemeinsam mit Marion Hof

1992   Ehrung im Forest of Friendship der Ninety Nines (gemeinsam mit
       Elly Beinhorn – dies auf Initiative von Angelika Machinek - und
       Marion Hof) http://www.ninety-nines.org/elly_beinhorn.html

Das Leben der Weltklasse-Segelfliegerin Angelika
Machinek fand am 12. Oktober 2006 jäh bei einem
Probeflug eines Ultraleicht-Flugzeugs vom Typ „Sma-
ragd" von „Fläming Air" ein Ende. Kurz nach dem Start
stürzte die Maschine aus ungeklärter Ursache bei Echzell
in der Wetterau in ein Waldstück, das etwa 70 Meter
von der Autobahn Gießen-Hanau (A 45) entfernt liegt,
und brannte aus. Bei dem Unglück starben die 49-jährige
Angelika Machinek und ein 40 Jahre alter Mann aus
Suhl, der die Maschine aus Thüringen überführt hatte.
Im Abschlussbericht der „Bundesstelle für Flugunfalluntersuchung" („BFU") wurde 2008 festgestellt, dass
das Wetter nicht besonders gut war (tiefe Bewölkung,
eingeschränkte Sicht). Außerdem sei das Ultraleicht-
Flugzeug in mehrfacher Hinsicht modifiziert gewesen.
Aufgrund dieses Unfalls, welcher der dritte mit
Todesopfern war, wurde dem Hersteller auferlegt,
verschiedene Änderungen an dem Flugzeug vorzu-
nehmen.

Der deutsche Segelflug verlor mit Angelika Machinek
eine fachkundige, leistungsbereite und leistungsfähige
Funktion des Spitzensports, schrieb der „Deutsche
Aeoro Club. E. V." („DAeC") im Nachruf. Der „DAeC"
lobte sie als Menschen, der Vertrauen und Zuversicht
ausstrahlte, sowie ihre kameradschaftliche Hilfe,
Freundlichkeit und ihr hohes Engagement.

Zur Erinnerung an Angelika Machinek wurde am 6.
Januar 2007 der „Dr. Angelika-Machinek-Förderverein

Frauensegelflug e.V." gegründet. Die zehn Gründungsmitglieder waren mit Angelika Machinek entweder
familiär oder auf der sportlichen Ebene freundschaftlich
eng verbunden. Sie wollten mit und durch den
Förderverein das Andenken an eine der weltbesten
Seglerinnen wach halten und den Geist, den diese gelebt
hat, fortführen. Der Förderverein will jungen Frauen
mit der Bereitstellung eines Förderflugzeuges die Chance
bieten, in die Wettbewerbsspitzen des deutschen und
internationalen Segelfluges zu gelangen. Ein besonderes
Anliegen ist die Einbeziehung und die spezielle
Förderung des jugendlichen Nachwuchses. In enger
Zusammenarbeit mit der Frauen-Nationalmannschaft
im Segelflug gibt es seit 2009 ein Mentoren-Programm.

Sportliche Erfolge
von Angelika Machinek

1994: Deutsche Meisterin Rennklasse (Marpingen)
1995: Bronzemedaille EM Marpingen
1997: Bronzemedaille EM Prievidza/Slowakei
1998: Deutsche Meisterin Rennklasse (Jena)
1999: Bronzemedaille EM Leszno/Polen
2000: Deutsche Meisterin Rennklasse (Neresheim)
2001: Vizeweltmeisterin Rennklasse, WM-Frauen in Litauen
2003: Bronzemedaille Rennklasse WM Frauen Jihlava/Tschechien
2004: Deutsche Meisterin Rennklasse (Klix)
2006: Deutsche Meisterin Rennklasse (Coburg)
2006: 1. Platz „1. International Flatland Cup" (Szeged, Ungarn)

Quelle: Wikipedia

Literatur

DR. ANGELIKA MACHINEK -
FÖRDERVEREIN E.V.
http://www.am-foerderverein.de
PROBST, Ernst: Königinnen der Lüfte in
Deutschland, München 2010
PROBST, Ernst: Königinnen der Lüfte in Europa,
München 2010
PROBST, Ernst: Königinnen der Lüfte von A bis Z,
München 2010
SPIEGEL Online: Absturz: Deutsche Segelflug-
Meiste-rin tödlich verunglückt
http://www.spiegel.de/panorama/absturz-deutsche-
segelflug-meisterin-toedlich-verunglueckt-a-
442355.html
WIKIPEDIA (Online-Lexikon): Angelika Machinek
http://de.wikipedia.org/wiki/Angelika_Machinek

Sophie Blanchard (1778–1819)
Bild: Reproduktion eines Kupferstiches von Jules Porreau
aus dem Jahre 1859, der nach ihrem Tod entstand

Frauen in der Luftfahrt

4. Juni 1784: Die französische Opernsängerin Elisabeth Thible, nach anderer Schreibweise auch Tible, fliegt in Lyon als erste Frau in einem Heißluftballon (Montgolfière) mit.

10. November 1798: Die Französin Jeanne Labrosse (1775–1845), die Ehefrau des Luftakrobaten André-Jacques Garnerin (1769–1823), unternimmt als erste Frau selbstständig einen Flug in einem Ballon.

12. Oktober 1799: Jeanne Labrosse wagt als erste Frau der Welt aus einer Höhe von rund 900 Metern einen Fallschirmsprung.

7. Juli 1819: Die erste professionelle Luftschifferin Frankreichs, Madeleine Sophie Blanchard (1778–1819), kommt in Paris bei einer Ballonfahrt als erste Frau beim Fliegen ums Leben.

Um 1850: Die französische Fallschirmspringerin Rosalie Poitevin (1819–1908) stellt in Parma (Italien) mit einem Sprung aus rund 2.000 Metern einen Frauenrekord auf, der erst 1931 von der Deutschen Lola Schröter (1906–1953) überboten wird.

4. Juli 1880: Mary Hawley Myers (1849–1932) unternimmt in Little Falls (New York) als erste Amerikanerin einen Alleinflug mit einem Ballon.

19. Juli 1893: Käthe Paulus (1868–1935) unternimmt in Nürnberg (Bayern) zusammen mit ihrem Verlobten Hermann Lattemann (1852–1894) ihren ersten Ballonflug. Sie gilt als erste Luftschifferin in Deutschland.

1893: Die Luftschifferin Käthe Paulus wird in Elberfeld bei Wuppertal die erste deutsche Fallschirmspringerin.

9. Juli 1903: Die Amerikanerin Aida de Acosta (1884–1962) unternimmt in Paris als erste Frau einen Alleinflug in einem lenkbaren Luftschiff.

1906: Die Amerikanerin E. Lillian Todd (1865–1937) entwirft und baut als erste Frau ein Flugzeug, das allerdings nie fliegt.

8. Juli 1908: Die französische Bildhauerin Thérésè Peltier (1873–1926) unternimmt in Turin (Italien) an Bord eines Doppeldeckers zusammen mit dem französischen Piloten Léon Delagrange (1873–1910) den ersten Flug mit einem weiblichen Passagier.

7. Oktober 1908: Edith Berg fliegt als erste Amerikanerin in Le Mans (Frankreich) in einem Flugzeug mit. Sie ist eine Passagierin des amerikanischen Luftpioniers Wilbur Wright (1867–1912) und die Ehefrau von Hart O. Berg, des europäischen Agenten von Wright.

26. Oktober 1909: Die Französin Marie Marvingt (1875–1963) fliegt als erste Frau mit einem Ballon von Frankreich nach England.

8. März 1910: Die französische Schauspielerin Raymonde de Laroche (1844–1919) wird die erste Pilotin der Welt.

9. April 1910: Hélène Dutrieu (1877–1961) wird die erste Pilotin in Belgien.

19. April 1910: Hélène Dutrieu fliegt als erste Frau der Welt einen Passagier.

Sommer 1910: Hilda Hewlett (1864–1943) wird Mitbegründerin der ersten Flugschule in England.

2. September 1910 (oder 6. September oder Mitte Oktober): Blanche Stuart Scott (1889–1970) wird angeblich die erste amerikanische Pilotin. Ihr Flug wird von der „Aeronautical Society of America" nicht anerkannt, weil er zufällig erfolgt.

16. September 1910: Bessica Medlar Raiche (1875–1932) wird angeblich die erste amerikanische Pilotin.

8. November 1910: Marie Marvingt wird die dritte Frau mit Pilotenlizenz in Frankreich.

1. August 1911: Harriet Quimby (1875–1912) wird die erste Amerikanerin mit Pilotenlizenz.

10. August 1911 (4. September 1911) : Lidija Swerewa (1890–1916) wird die erste Pilotin in Russland.

17. August 1911: Matilde Moissant (1878–1964) wird die zweite Amerikanerin mit Pilotenlizenz.

29. August 1911: Hilda Hewlett wird erste Britin mit Pilotenlizenz.

4. September 1911: Harriet Quimby unternimmt als erste Frau einen Nachtflug.

13. September 1911: Melli Beese-Boutard (1886–1925) legt als erste Deutsche die Pilotenprüfung ab.

10. Oktober 1911: Beatrix de Rijk (1883–1958) wird eine der ersten Pilotinnen in Holland.

Dezember 1911: Die Amerikanerinnen Harriet Quimby und Matilde Moisant (1878–1964) unternehmen als erste Pilotinnen einen Flug über Mexiko.

16. April 1912: Harriet Quimby überfliegt als erster weiblicher Pilot den Ärmelkanal (Englischer Kanal).

Juli 1912: Lilly Steinschneider (1891–1975) wird die erste Pilotin in Österreich-Ungarn.

2. September 1912: Die Französin Jeanne Pallier (1871–1939) fliegt bei ihrer Pilotenprüfung als erste Frau über Paris.

1912: Die Pilotin Ruth Law (1887–1970) fliegt als zweite Amerikanerin bei Nacht.

21. November 1912: Die russische Pilotin Ljuba Galanschikoff (1884–1968) stellt einen Höhenweltrekord für Frauen auf. Sie

erreicht mit einem geliehenen Fokker-Eindecker eine Höhe
von 2.000 Metern.

5. Januar 1913: Rosina Ferrario (1888–1959) erhält als erste
Pilotin in Italien vor dem Ersten Weltkrieg eine Fluglizenz.

31. Juli 1913: Die amerikanische Pilotin Alys McKey („Tiny")
Bryant (1880–1954) unternimmt in Vancouver den ersten Flug
einer Frau in Kanada. Ihre Flüge in Kanada waren Teil des
Unterhaltungsprogramms für den Prinzen von Wales und den
Herzog von York, die Vancouver und Victoria besuchen.

20. August 1913: Ljuba Galanschikoff unternimmt zusammen
mit dem Piloten Léon Letort (1888–1913) den ersten Flug
innerhalb eines Tages von Berlin nach Paris.

September 1913: Katherine Stinson (1891–1977) betätigt sich
in Montana als erste Luftpostpilotin der USA.

1913: Hélène Dutrieu wird erstes weibliches Mitglied der
„Pariser Luftwache" und schützt die französische Hauptstadt
im Ersten Weltkrieg (1914–1918) vor Angriffen deutscher
Flugzeuge und Militärluftschiffe.

19. Mai 1914: Die russische Pilotin Lydija Swerewa (1890–
1916) fliegt in Riga (Litauen) als erste Frau einen Looping
(Kunstflugfigur in senkrechter Kreisbahn).

6. Juni 1914: Else Haugk (1889–1973) wird die erste Pilotin
der Schweiz.

1914: Prinzessin Eugenie Michailowna Shakhovskaya (1889–1920) wird die erste russische Militärpilotin. Sie unternimmt als Fähnrich im Dienste des Zaren etliche Aufklärungsflüge.

1915: Die Schwestern Marjorie Stinson (1896–1975 und Katherine Stinson (1891–1977) betreiben mit ihrer Mutter Emma Beaver Stinson in Texas die erste von Frauen geleitete Flugschule.

17. Januar 1915: Ruth Law (1887–1970 wagt in Daytona Beach (Florida) als erste amerikanische Pilotin einen Looping. Ihrer Landsmännin Katherine Stinson glückt dieses Kunststück am 18. Juli 1915 über dem Flugplatz „Cicero Field" in Chicago.

1915: Nahdeshda Degtera, deren Geburts- und Todesdatum unbekannt sind, ist die erste russische Pilotin, die bei einem Kampfeinsatz im Ersten Weltkrieg verwundet wird.

1916: Die Deutsche Käthe Paulus erfindet den zusammenlegbaren Fallschirm.

12. Juli 1919: Raymonde de Laroche stellt einen Höhenrekord für Frauen auf (4.800 Meter).

1919: Ruth Law befördert als erster Flieger Luftpost zu den Philippinen.

30. Mai 1920: Elsa Andersson (1897–1922) wird die erste schwedische Pilotin.

15. August 1920: Die amerikanische Pilotin Laura Bromwell (1899–1920) fliegt 87 Loopings und schafft damit einen Weltrekord.

1. April 1921: Die französische Pilotin Adrienne Bolland (1896–1975) fliegt als erste Frau über die Anden.

Mai 1921: Laura Bromwell fliegt 199 Loopings und stellt damit einen neuen Weltrekord auf.

15. Juni 1921: Die schwarze Amerikanerin Bessie Coleman (1893–1926) erhält in Frankreich ihre Fluglizenz und wird die erste afro-amerikanische Pilotin.

2. Oktober 1921: Elsa Andersson ist nach einem Absprung in Kristianstad die erste schwedische Fallschirmspringerin.

8. April 1922: Teresa de Marzo (1903–1986) wird die erste Pilotin in Brasilien.

1922: Tadashi Hyodo (1899–1980) wird die erste Pilotin in Japan.

3. September 1922: Bessie Coleman unternimmt den ersten öffentlichen Flug einer afro-amerikanischen Pilotin in den USA. Dabei springt der farbige Stuntman Hubert Fauntleroy Julian mit einem Fallschirm ab.

Oktober 1922: Lillian Gatlin aus Santa Ana (Kalifornien) wird die erste Passagierin bei einem Flug über Amerika. Sie reist von San Francisco (Kalifornien) nach Mineola (New York).

Der 2.680 Meilen-Nonstop-Flug dauert 27 Stunden 11 Minuten.

1925: Thea Rasche (1899–1971) wird erste Deutsche mit Kunstflugschein.

1925: Kwon Ki-ok (1901–1988) wird die erste Pilotin aus Korea.

1925: Lady Mary Heath (1896–1939) erhält als erste Frau in Großbritannien eine kommerzielle Fluglizenz.

28. März 1927: Millicent Maude Bryant (1878–1927) wird die erste Pilotin in Australien.

Mai 1927: Lady Mary Heath stellt mit 17.000 Fuß (umgerechnet 5.100 Meter) einen Höhen-Weltrekord für Leichtflugzeuge auf.

Ende August 1927: Prinzessin Anne Löwenstein-Wertheim (1864–1927) scheitert beim Versuch einer Atlantiküberquerung von England nach Amerika und kommt dabei ums Leben.

September 1927: Elinor Smith wird im Alter von 16 Jahren die damals jüngste Pilotin der USA.

Oktober 1927: Die Amerikanerin Ruth Elder (1902–1977) scheitert beim Versuch einer Atlantiküberquerung von England nach Amerika.

1927: Phoebe Fairgrave Omlie (1902–1975) wird die erste von der „Civil Aeronautics Administration" („CAA") zugelassene Flugzeugmechanikerin der USA.

1927: Lady Mary Heath unternimmt als erste Frau einen Alleinflug von Südafrika nach England.

1927: Die irische Pilotin Mary Bayley (1890–1960) fliegt als erste Frau über die Irische See.

Januar 1928: Ruth Rowland Nichols (1901–1960) unternimmt zusammen mit dem Piloten Harry Rogers den ersten Nonstop-Flug von New York nach Miami (Florida).

17. und 18. Juni 1928: Die amerikanische Fliegerin Amelia Earhart (1897–1937) fliegt zusammen mit dem Piloten Wilmer Stultz (1899–1929) und dem Mechaniker Louis Gordon von New York nach Paris. Sie ist die erste Frau, die an Bord eines Flugzeuges den Atlantik überquert.

27. Juli 1928. Lady Mary Heath fliegt als erste Frau der Welt ein Passagierflugzeug. Der Start erfolgt in Amsterdam (Niederlande), die Landung in Croydon (Großbritannien).

1928: Maryse Bastié (1898–1952) erwirbt als erste Französin den Führerschein für Passagierflugzeuge.

1928: Die deutsche Pilotin Marga von Etzdorf (1907–1933) wird erste Kopilotin der „Deutschen Luft Hansa" (damalige Schreibweise).

1928: Die irische Pilotin Mary Heath fliegt als erste Frau allein vom „Kap der Guten Hoffnung" (Südafrika) nach Kairo (Ägypten).

1928: Die amerikanische Pilotin Phoebe Fairgrave Omlie fliegt als erste Frau mit einem Leichtflugzeug über die Rocky Mountains.

Oktober 1928: Die deutsche Pilotin Erika Naumann stellt zusammen mit dem schweizerischen Fliegerhauptmann Wirth bei einem Flug von Böblingen (Süddeutschland) nach Wilna (Litauen) einen Weltrekord auf. Die Flugstrecke beträgt 1.305 Kilometer.

17. Dezember 1928: Die amerikanische Pilotin Marjorie Stinson wird bei der Gründungsversammlung der „Early Birds" in Chicago das erste weibliche Mitglied. Bedingung für die Aufnahme bei den „Early Birds" ist für Amerikaner, dass sie bereits vor dem Eintritt der USA in den Ersten Weltkrieg am 17. Dezember 1916 erstmals allein geflogen sind. Für Piloten aus Europa gilt der 4. August 1914 als Stichtag für die Aufnahme bei den „Early Birds".

1928/1929: Mary Bailey (1890–1960) fliegt als erste Frau allein von England nach Südafrika und wieder zurück. Hinflug vom 9. März bis 30. April 1928, Rückflug vom September 1928 bis 16. Januar 1929.

2. Januar 1929: Evelyn („Bobby") Trout unternimmt in Los Angeles (Kalifornien) als erste Frau einen Ganze-Nacht-Flug, der 12 Stunden 11 Minuten dauert.

1929: Florence „Pancho" Barnes" (1901–1975) wird die erste amerikanische Stuntpilotin. Sie wirkt in dem Film „Hells Angels" mit, der 1929 in die Kinos kommt.

1929: Phoebe Fairgrave Omlie wird die erste amerikanische Transportpilotin.

1929: Ilse Esser (1898–1994) promoviert als erste Deutsche in Luftfahrttechnik.

August 1929: Die britische Reporterin Grace Marguerite Hay Drummond-Hay (1895–1946) fliegt als erste Frau mit einem Luftschiff um die Welt. Der Flug erfolgt im deutschen Luftschiff „LZ-127 Zeppelin".

18. bis 26. August 1929: Die amerikanische Pilotin Louise Thaden (1905–1979) gewinnt das erste „Cleveland Women's Air Derby", den ersten Überlandflug-Wettbewerb für Pilotinnen, der scherzhaft als „Powder-Puff-Derby" bezeichnet wird. Der Start erfolgt in Santa Monica (Kalifornien), Ziel ist Cleveland (Ohio), gesamte Flugstrecke mehr als 2.700 Meilen (rund 4.500 Kilometer). Zweite wird Gladys O'Donnel, Dritte Amelia Earhart. Beim legendären „Powder-Puff-Derby" gehen insgesamt 20 Pilotinnen an den Start, von denen 18 aus den USA stammen: Florence („Pancho") Barnes, Marvel Crosson, Amelia Earhart, Ruth Elder, Claire Fahy, Edith Foltz, Mary Haizlip, Jessie Keith-Miller (Australien), Opal Kunz, Ruth Nichols, Blanche Noyes, Gladys O'Donnell, Phoebe Omlie, Neva Paris, Margaret Perry, Thea Rasche (Deutschland), Louise Thaden, Bobbi Trout, Mary von Mach und Vera Dawn Walker. Davon erreichen 13 Frauen das Ziel. Den scherzhaften

Begriff „Powder-Puff-Derby" („Puderquastenrennen") hat der
Komiker Will Rogers (1879–1935) geprägt. Er beruht auf dem
Kosmetik-Utensil, mit dem sich die Pilotinnen nach den
Landungen puderten.

2. November 1929: Amelia Earhart gründet zusammen mit
vier anderen bekannten Pilotinnen auf dem Flugplatz „Curtiss
Field" in Valley Stream, Long Island (New York), den „Club
der Neunundneunzig" („Ninety Nines"), der die Stellung der
Frauen in der Luftfahrt stärken soll. Einen solchen Club hatte
Clara Trenckman Studer, eine flugbegeisterte Assistentin und
Helferin ohne Pilotenschein, angeregt. Die Einladung zur
Gründungsversammlung war am 9. Oktober 1929 an 117
Pilotinnen in den USA verschickt und von Fay Gillis, Margorie
Brown, Frances Harrel und Neva Paris unterzeichnet worden.
Zur Gründungsversammlung kommen 26 Pilotinnen nach
Valley Stream, nur vier davon mit dem Flugzeug, die anderen
wegen schlechten Wetters mit dem Zug. Ein zweites Treffen
erfolgt am 14. Dezember 1929 in New York City. Dabei macht
Jean Davis Hoyt (gestorben 1988) den Vorschlag, den Club
nach der Zahl der Frauen in den USA zu benennen, die einen
Pilotenschein besitzen und Interesse an der Gründung des
Clubs zeigen. Neva Paris soll die Wahl einer Präsidentin
koordinieren, doch sie kommt Anfang 1930 bei einem
Flugzeugabsturz ums Leben. Louise Thaden fungiert als
„provisorische Präsidentin" des Clubs. Bald gehörten 99
Fliegerinnen zum Club und dessen Name steht fest. 1931 wird
Amelia Earhart zur Präsidentin gewählt und bleibt dies bis
1933. „Ninety Nines" behauptet sich bis heute und zählt
derzeit weltweit mehr als 20.000 Mitglieder.

November 1929: Die amerikanischen Pilotinnen Evelyn („Bobby") Trout (1906–2003) und Elinor Smith (geboren 1911) unternehmen den ersten Frauenflug mit Luftbetankung.

Dezember 1929: Amy Johnson (1903–1941) wird die erste Flugzeugmechanikerin in Großbritannien.

5. bis 24. Mai 1930: Die britische Pilotin Amy Johnson-Mollisson (1903–1941) fliegt als erste Frau allein von England nach Australien.

1930: Die britische Fliegerin Beryl Markham (1902–1986) wird die erste Berufspilotin Afrikas.

1930: Anne Morrow Lindbergh (1906–2001) wird die erste Segelfliegerin der USA.

6. März 1931: Ruth Rowland Nichols stellt mit 8.760,9 Metern einen Höhen-Weltrekord für Frauen auf.

13. April 1931: Ruth Rowland Nichols stellt mit 339,1 Stundenkilometern einen Geschwindigkeits-Weltrekord für Frauen auf.

1931: Leyla Mammadbeyova (1909–1989) wird die erste Pilotin in Aserbaidschan.

Juni 1931: Ruth Rowland Nichols scheitert beim Atlantiküberflug.

18. bis 29. August 1931: Die deutsche Pilotin Marga von Etzdorf (1907–1933) fliegt allein von Berlin nach Tokio.

1931: Pauline Mary Gower (1910–1947) betreibt den ersten Lufttaxidienst in Großbritannien.

1931: Die deutsche Pilotin Vera von Bissing (1906–2002) beherrscht als einzige Frau den Looping nach vorn.

1931: Die deutsche Fallschirmspringerin Lola Schröter (1906–1953) stellt mit einem Sprung aus 6.000 Metern Höhe einen Frauenrekord auf.

Oktober 1931: Hazel Ying Lee (1912–1944) erhält als eine der ersten chinesisch-amerikanischen Frauen eine Fluglizenz.

4. Dezember 1931: Die deutsche Fliegerin Elly Beinhorn (1907–2007) startet zu einem erfolgreichen Weltflug. Sie ist die erste Frau, die alle fünf Erdteile mit dem Flugzeug überfliegt.

26. Dezember 1931: Die australische Pilotin Maude Rose „Lores" Bonney (1897–1994) unternimmt den längsten Ein-Tages-Flug einer Frau von Brisbane nach Wangaratta (1.600 Kilometer).

20. Mai 1932: Die amerikanische Fliegerin Amelia Earhart fliegt mit einem einmotorigen Flugzeug als erste Frau über den Atlantik. Sie startet in Harbor Grace (Neufundland) und landet unweit von Londonderry (Nordirland).

Mai 1932: Die deutsche Schauspielerin und Pilotin Antonie Strassmann (1901–1952) fliegt an Bord des Flugschiffes „Do-X" von den USA nach Deutschland. Sie ist die erste Europäerin, die als fliegender Passagier den Atlantik überquert.

August/September 1932: Maude Rose „Lores" Bonney fliegt als erste Frau um Australien.

5. September 1932: Die amerikanische Pilotin Mary Haizlip (1910–1997) stellt in Cleveland (Ohio) mit 405,92 Stundenkilometern einen Geschwindigkeitsrekord für Frauen auf.

1932: Die Chinesin Katherine Cheung (1904–2003) wird die erste Asiatin mit Pilotenlizenz in den USA.

1932: Ruthy Tu (gestorben 1969) wird die erste Pilotin in der Chinesischen Armee.

1932: Die deutsche Pilotin Rosl Richter und ihr Ehemann unternehmen mit einem Leichtflugzeug einen Weltflug.

1932: Der Fallschirmspringerin Lola Schröter gelingt ein Rekordsprung aus 7.300 Metern Höhe.

1932: Luise Hoffmann (1910–1935) wird erste Werkspilotin in Deutschland.

1932: Phoebe Fairgrave Omlie wird die erste Regierungs-beamtin für Luftfahrt in den USA.

1932: Fay Gillis Wells (1908–2002) fliegt als erste Amerikanerin ein sowjetisches Zivilflugzeug.

10. bis 21. April 1933: Maude Rose „Lores" Bonney fliegt mit einer Maschine des Typs „Gipsy Moth" namens „My little Ship" als erste Frau von Australien nach England (Start in Brisbane, Landung in London. Flugstrecke rund 20.000 Kilometer).

1933: Freda Thompson (1909–1980) wird die erste Fluglehrerin in Australien.

1934: Die Französin Maryse Bastie (1898–1952) fliegt als erste Frau von Paris nach Tokio und zurück.

28. Januar bis 25. April 1934: Die Amerikanerin Laura Ingalls (1901–1967) unternimmt als erste Frau einen Alleinflug von Nordamerika nach Südamerika.

21. März 1934: Laura Ingalls fliegt als erste Amerikanerin über die Anden.

Mai 1934: Die Neuseeländerin Jean Batten (1909–1982) unternimmt als erste Frau einen Flug von England nach Australien und zurück.

28. September bis 6. November 1934: Die australische Pilotin Freda Thompson unternimmt den ersten Alleinflug einer Frau von England nach Australien. Während dieser 39 Tage langen Flugreise muss sie 20 Tage auf ein Ersatzteil warten.

23. Oktober 1934: Die amerikanische Ballonfahrerin Jeannette Piccard (1895–1981) fliegt als erste Frau in die Stratosphäre: Sie steigt zusammen mit ihrem Ehemann Jean-Felix Picard (1884–1963) über dem Erisee in eine Höhe von 17.550 Metern auf.

31. Dezember 1934: Die Amerikanerin Helen Richey (1909–1947) wird die erste Pilotin bei einer planmäßigen Airline („Central Airlines").

Anfang 1935: Der amerikanischen Fliegerin Amelia Earhart glückt der erste Flug von Hawaii zum amerikanischen Festland. Diese Route ist länger als die Strecke von den USA nach Europa.

April 1935: Liesel Zangenmeister stellt in Rossitten (Ostpreußen) mit 12 Stunden 57 Minuten einen Dauer-Weltrekord im Segelflug auf.

1935: Amelia Earhart unternimmt als Erste einen Alleinflug von Los Angeles (Kalifornien) nach Mexico City (Mexiko), Flugzeit 13 Stunden 23 Minuten.

1935: Amelia Earhart unternimmt als Erste einen Alleinflug von Mexico City nach Newark, Flugzeit 14 Stunden 19 Minuten.

Ende 1935: Jean Batten fliegt als erste Frau von England nach Südamerika (Brasilien), Flugstrecke rund 5.000 Meilen (umgerechnet 8.000 Kilometer), Flugzeit 61 Stunden 15 Minuten

1936: Katarina Matanovic-Kulenovic (1913–2003) wird die erste kroatische Pilotin.

4. September 1936: Louise Thaden (1905–1979) und Blanche Noyes (1900–1981) besiegen als erste Frauen bei einem Flugwettrennen („Bendix Trophy Race") männliche Piloten. Sie fliegen sie von New York City nach Los Angeles in 14 Stunden 55 Minuten und stellen damit einen Weltrekord auf.

4./5. September 1936: Die englische Pilotin Beryl Markham (1902–1986) fliegt als erste Frau allein von London (England) über den Atlantik nach Nova Scotia (Kanada).

1936: Jean Batten fliegt als erste Frau über den Südatlantik.

1936: Laura Ingalls fliegt als erste Frau nonstop von der Ostküste zur Westküste der USA.

März 1937: Jean Burns wird im Alter von 17 Jahren die jüngste Pilotin in Australien.

17. Mai 1937: Die deutsche Fliegerin Hanna Reitsch (1912–1979) wird als erste Frau der Welt ehrenhalber zum Flugkapitän ernannt. Dieser Titel war sonst Flugzeugführern der „Deutschen Lufthansa" vorbehalten.

Mai 1937: Hanna Reitsch überquert als erste Pilotin der Welt im Segelflug die Alpen.

Juni 1937: Die deutsche Pilotin Eva Schmidt (1914–1945) erreicht eine Weltbestleistung im Segelflug-Streckenflug für

Frauen vom Hornberg (Schwäbische Alb) nach Plauen im Vogtland (Sachsen) und einen Dauerflug-Rekord von 14 Stunden.

Juni 1937: Inge Wetzel stellt in Rossitten (Ostpreußen) mit 18 1/2 Stunden einen Segelflug-Weltrekord im Dauerflug auf, wird aber bereits im Juli 1937 von Feodora Schmidt übertroffen.

1937: Amelia Earhart fliegt – im Rahmen ihrer Erdumrundung – als Erste vom Roten Meer nach Indien.

2. Juli 1937: Amelia Earhart und ihr Navigator Fred Noonan (1893–1937) kehren von ihrer geplanten spektakulären Erdumrundung nicht mehr zurück. Um das ungeklärte Verschwinden der Beiden im Pazifik ranken sich zahlreiche Legenden.

4. Juli 1937: Hanna Reitsch fliegt in Bremen als erste Frau einen Hubschrauber.

1937: Maude Rose „Lores" Bonney fliegt als erste Frau allein von Australien (Brisbane) nach Südafrika (Kapstadt), Flugstrecke 29.088 Kilometer.

1937: Sabiha Gökcen (1913–2001) wird die erste Kampfpilotin der Türkei. Sie fliegt Kampfeinsätze in Thrakien und in der Ägäis.

1937: Die deutsche Fliegerin Melitta Schenk Gräfin von Stauffenberg (1903–1945), geborene Melitta Schiller, besitzt als einzige Frau Deutschlands alle Flugzeugführerscheine für sämtliche Klassen von Motorflugzeugen und Segelflugzeugen sowie den Kunstflugschein.

1937: Die Argentinierin Susanna Ferrari Billinghurst (1914–1999) erwirbt als erste Frau in Südamerika einen kommerziellen Pilotenschein.

1937: Die russischen Pilotinnen Marina Raskowa (1912–1943) und Walentina Stepanowna Grisodubowa (1910–1993) stellen mit einem Nonstop-Flug über 1.443 Kilometer einen Frauenweltrekord auf.

1937: Die amerikanische Fliegerin Jacqueline Cochran (1906–1980) macht als erste Frau einen Blindflug (Instrumentenlandung).

28. Oktober 1937: Melitta Schenk Gräfin von Stauffenberg erhält – nach Hanna Reitsch – als zweite Frau der Welt den Titel „Flugkapitän".

Frühjahr 1938: Hanna Reitsch, die erste Frau mit Helikopter-Lizenz, unternimmt in der riesigen Berliner Deutschlandhalle mit einem Hubschrauber den ersten Hallenflug der Welt.

2. Juli 1938: Den russischen Pilotinnen Walentina Stepanowna Grisodubowa (1910–1993), Wera Lomako (geboren 1913), Polina Ossipenko (1907–1939) und Marina Raskowa (1912–1943) gelingt ein Weltrekord-Fernflug für Frauen von Sewastopol nach Archangelsk über eien Flugstrecke von 2.416 Kilometern.

24./25. September 1938: Marina Raskowa, Walentina Stepanowna Grisodubowa und Polina Ossipenko stellen mit einem 5.908,610 Kilometer langen Fernflug von Moskau nach Kerbi unweit des Ochotskischen Meeres einen Weltrekord für Frauen auf. Am 2. November 1938 erhalten sie für diesen Weltrekord-Fernflug als erste Frauen der sowjetischen Geschichte den Titel „Held der Sowjetunion".

1939: Willa Brown Chappell (1906–1992) wird die erste Afro-amerikanerin mit kommerzieller Pilotenlizenz in den USA

1939/1940: Beate Köstlin (1919–2001), später Beate Uhse, wirkt als erste deutsche Stuntpilotin in den Filmen „D III 88" (1939) und „Achtung, Feind hört mit" (1940) mit.

1. Juli 1941: Die Amerikanerin Jacqueline Cochran überführt als erste Frau einen Bomber über den Atlantik.

Ab 1941: Marina Raskowa und sechs andere weibliche Offiziere organisieren drei nur aus Frauen bestehende sowjetische Fliegerregimenter. Am Ende der Ausbildung werden in Engels drei Regimenter aufgestellt: das 586. Jagdfliegerregiment mit „Jak-2"-Flugzeugen, das 587. Tagbomberregiment mit „Pe-2"-Flugzeugen und das mit „U-2"-Flugzeugen ausgerüstete 588. Nachtbomberregiment („Nachthexen"). Kommandantinnen des 586. Jagdflieger-regiments sind: Lydia Litvak, Raisa Belyayeva, Tamara Pamyatnykh, Raya Surnachevskaya, Marina Kuznetsova. Kommandantinnen des 587. Tagbomberregiments sind: Kladiya Fomicheva, Marina Raskowa, Nadeshda Fedutenko.

Kommandantinnen des 588. Nachtbomberregiments sind: Yevodokya Bershanskaya, Yevgeniya Zhigulenko, Tatyana Makorova, Yevdokia Nosal, Nina Ulynenko.

Oktober 1942: Hanna Reitsch fliegt in Augsburg bei „Messerschmitt" das erste Raketenflugzeug der Welt.

21. März 1943: Cornelia Clark Fort (1919–1943) stirbt bei der Überführung einer Maschine des Typs „BT-13A" als erste Pilotin im Dienst der US-Army, als sie über Merkel, Taylor County (Texas), mit einem anderen Flugzeug zusammenstößt. An sie erinnert der 1945 nach ihr benannte „Cornelia Fort Airport" in Nashville (Tennessee).

14. Okober 1944: Die Amerikanerin Ann G. Baumgartner Carl (1918–2008) ist die erste Frau in einem Turbojet-Kampfflieger.

1948: Betty Skelton Frankman Erde (1926–2011) wird die erste US-Meisterin in Luftakrobatik.

1949: Betty Skelton Frankman Erde stellt mit 7.853 Metern einen Höhenweltrekord für Frauen auf.

16. September 1950: Nancy Bird Walton (1915–2009) gründet die australische Pilotinnenorganisation „Australian Women Pilot's Association" („AWPA")

März 1951: Die deutsche Pilotin Liesel Bach (1905–1992) fliegt als erste Frau über den Himalaja.

1951: Betty Skelton Frankman Erde stellt mit 8.850 Metern einen weiteren Höhenweltrekord für Frauen auf.

April 1953: Iris Wittig (1928–1978) fliegt zusammen mit einem sowjetischen Instrukteur als einer der ersten Piloten in einer „MiG-15UTI", dem ersten Strahlflugzeug der „DDR".

18. Mai 1953: Die amerikanische Pilotin Jacqueline Cochran erreicht mit einem Düsenjäger des Typs „F-86 Sabre" eine Durchschnittsgeschwindigkeit von 1.042 Stundenkilometern und durchbricht dabei in Sturzflügen aus 14.000 Meter Höhe als erste Frau zwei Mal die Schallmauer.

15. August 1953: Die französische Fliegerin Jacqueline Auriol (1917–2000) durchbricht mit einem Düsenjäger des Typs „Mystère" mit einer Geschwindigkeit von 1.195 Stundenkilometern als erste Europäerin die Schallmauer (Mach1).

1960-er Jahre: Jerrie Cobb besteht als erste Amerikanerin alle drei Tests für das von Jacqueline Cochran finanzierte Programm „Mercury 13". Mit diesem privat finanzierten Programm, das nicht Teil der Astronautenrekrutierung der „NASA" ist, will man beim Wettrennen im Weltraum mit der ersten Frau im All der Sowjetunion zuvorkommen. Der Name des Projektes beruht darauf, dass von den insgesamt 20 getesteten Frauen 13 die Tests bestehen: außer Jerrie Cobb später auch Myrte Cagle, Jan Dietrich, Marion Dietrich, Wally Funk, Janey Hart, Jean Hixson, Gene Nora Stumbough, Irene Leverton, Bernice Steadman, Sarah Ratley, Jerri Truhill und Rhea Woltman. Jerry Cobb, Rhea Hurle und Wally Funk unterziehen sich in Oklahoma City noch weiteren Tests und einer psychologischen Bewertung. Wenige Tage, bevor einige Frauen sich erweiterten Tests in Pensacola (Florida) in der „Naval School of Aviation Medicine" mit Militärausrüstung und Jets unterziehen sollen, erhalten sie ein Telegramm, in dem der Abbruch des Projekts mitgeteilt wird. Die Navy ist nicht bereit, ihr Equipment für ein inoffizielles Projekt bereitzustellen. Im Mai 2007 verleiht die „University of Wisconsin-Oshkosh" den damals noch acht lebenden Frauen von „Mercury 13" Ehrendoktortitel für ihren „Pioniergeist und die Anstrengungen bei der Weiterentwicklung der Frauenrechte".

16. Juni 1963: Die russische Kosmonautin Walentina Tereschkowa startet in Baikonur (Kasachstan) an Bord des Raumschiffes „Wostock VI" als erste Frau ins Weltall. Sie umkreist 49 Mal die Erde, bevor sie am 19. Juni 1963 in Novosivbirsk landet.

26. August 1963: Diana Barnato Walker (1918–2008) durchbricht als erste Britin die Schallmauer.

19. März bis 17. April 1964: Geraldine „Jerry" Mock fliegt als erste Amerikanerin erfolgreich um die Welt. Vor ihr hatte dies 1931 schon die deutsche Fliegerin Elly Beinhorn getan. Weil der Weltflug von Elly Beinhorn in den USA nicht allgemein bekannt ist, wird Geraldine „Jerry Mock" dort oft irrtümlich als Frau erwähnt, die als Erste um die Welt geflogen sein soll.

Juni 1966: Berta Zeron (1924–2000) wird die erste Frau in Mexiko mit einem kommerziellen Pilotenschein.

1966: Die britische Pilotin Sheila Scott (1927–1988) fliegt 50.000 Kilometer in 189 Flugstunden.

1967: Ursula Bühler-Hedinger (1943–2009) wird die erste schweizerische Linienpilotin und Jetpilotin.

28. März 1967: Fiorenza de Bernardi wird die erste Airline-Pilotin in Italien (nach eigenen Angaben die fünfte der Welt) und im selben Jahr in ihrem Heimatland auch der erste weibliche Flugkapitän.

1969: Turi Wideroe wird der erste weibliche Luftverkehrspilot bei einer großen Fluggesellschaft in Norwegen. Sie fliegt im Dienste der „Scandinavian Airlines Systems" („SAS").

28. Juni 1971: Die amerikanische Pilotin Louise Sacchi (1913–1997) stellt bei einem Flug von New York nach London innerhalb von 17 Stunden 10 Minuten einen Geschwindigkeitsrekord auf.

1971: Sheila Scott fliegt bei einem Langstreckenflug über 50.000 Kilometer als erste Frau mit einem Leichtflugzeug über den Nordpol.

29. Januar 1973: Emily Howell Warner wird die erste Pilotin für eine kommerzielle Airline in den USA.

22. Februar 1974: Barbara Ann Rainey (1948–1982), geborene Barbara Ann Allen, wird die erste Marinepilotin der „United States Navy".

4. Juni 1974: Sally Murphy qualifiziert sich als erste Frau als Pilotin für die „United States Army".

1974: Die Italienerin Fiorenza di Bernardi wird die erste Gletscherpilotin der Welt.

1974: Die Amerikanerin Marry Barr wird die erste Pilotin in der Forstwirtschaft („United States Forest Service") der Vereinigten Staaten.

1974: Captain Leslie F. Kenne wird die erste Frau an der Testpilotenschule der US-Luftwaffe.

1974: Wally Funk wird die erste Inspektorin der Flugsicherung innerhalb der amerikanischen Verkehrsbehörde „National Transportation Safety Board" („NTSB") in Washington D.C. Die „NTSB" befasst sich mit der Aufklärung von Unglücksfällen im Transportwesen (Eisenbahnen, Luftfahrt, Schifffahrt, Pipelines und Autobahnen). Für die Luftfahrt entspricht der Aufgabenbereich der Bundesstelle für Flugunfalluntersuchung in Deutschland.

6. Juni 1976: Emily Howell Warner wird der erste weibliche Kapitän einer US-Airline.

Ende 1976: Die deutsche Pilotin Rita Maiburg (1951–1977) wird der erste und einzige weibliche Flugkapitän im regulären

Liniendienst der westlichen Welt. Die Bulgarin Maria Atanasova kommandiert damals eine düsengetriebene Frachtmaschine, die Engländerin Yvonne Sintes ist Captain bei einer britischen Chartergesellschaft

1976: Rosemary Bryant Mariner fliegt als erste Frau ein leichtes Kampfflugzeug.

1978: Rhea Seddon (geboren 1947), Kathryn Sullivan (geboren 1951), Judith A. Resnik (1949–1986), Sally Kristen Ride (geboren 1951), Anna Lee Fisher (geboren 1949) und Shannon Lucid (geboren 1942) werden als erste Frauen in das Astronautencorps der „NASA" aufgenommen.

11. April 1980: Eleanor Conn unternimmt mit ihrem Ehemann Sidney Conn die erste Ballonfahrt über den Nordpol.

2. Juli 1980: Die Amerikanerin Lynn Rippelmeyer fliegt als erste Frau einen Jumbo-Jet „Boeing 747".

3. Dezember 1980: Die Amerikanerin Janice Brown unternimmt in der Nähe von Marana (Arizona) mit einem kleinen Solarflugzeug namens „Solar Challenger" den ersten Langstrecken-Solarflug (Flugstrecke 6 Meilen, Flugzeit 22 Minuten).

1980: Deborah Jane Lawrie wird die erste Pilotin bei einer australischen Fluggesellschaft.

14. Februar 1981: Neta Snook (1896–1991) ist mit 85 Jahren die älteste Pilotin der USA.

11. März 1981: Die Amerikanerin Doris Grove stellt mit 1.127,68 Kilometern einen Segelflug-Weltrekord auf.

17. Dezember 1982: Die amerikanische Pilotin Mary Haizlip (1910–1997) wird als erste Frau in der Luft- und Raumfahrt in die „Oklahoma Aviation and Space Hall of Fame" aufgenommen.

18. Juni 1983: Die Astronautin Sally Kristen Ride fliegt als erste Amerikanerin im Weltall.

1983: Regula Eichenberger wird die erste Linienpilotin bei einer schweizerischen Airline („Crossair").

19. Juli 1984: Die amerikanische Pilotin Lynn Rippelmeyer fliegt als erster weiblicher Kapitän mit einer „Boeing 747" über den Atlantik. Der Start erfolgt in Newark, die Landung in London-Gatwick.

19. Juli 1984: Die amerikanische Pilotin Beverly Lynn Burns fliegt als erster weibliche Kapitän mit einer „Boeing 747" über die USA. Ihr historischer Flug mit einer Maschine der Fluggesellschaft „PEOPLExpress" führt von Newark nach Los Angeles.

25. Juli 1984: Die sowjetische Kosmonautin Swetlana Sawizkaja unternimmt als erste Frau einen Spaziergang im Weltall.

11. Oktober 1984: Die Astronautin Kathryn Dwyer Sullivan unternimmt als erste Amerikanerin einen Spaziergang im All.

14. Dezember 1986: Die amerikanische Astronautin Jeana Yeaeger startet zusammen mit Dick Rutan mit einem Voyager-Flugzeug zur ersten Nonstop-Weltraumumrundung ohne Auftanken und Zwischenlanden. Sie fliegen in 9 Tagen 3 Minuten 44 Sekunden eine Strecke von insgesamt 42.120 Kilometern.

1989: Gaby Kennard fliegt als erste Australierin mit einem Flugzeug des Typs „Piper Saratoga" namens „Gerty" in 99 Tagen allein um die Welt.

1990: Allana Arnot (geboren 1967) fliegt als erste Australierin mit einem Hubschrauber um die Welt.

1990: Rosemary Bryant Mariner wird die erste Kommandantin einer operativen Fliegerstaffel in den USA.

Winter 1990: Rosella Bjornsön wird der erste weibliche Kapitän für eine kommerzielle Fluggesellschaft in Kanada.

14. Mai 1992: Die amerikanische Astronautin Kathryn Thornton unternimmt den längsten Spaziergang im Weltall. Er dauert 7 Stunden 44 Minuten.

12. bis 20. September 1992: Carol Mae Jemison fliegt mit der Raumfähre „Endeauvour" als erste afro-amerikanische Astronautin im Weltall.

1. Oktober 1992: Die Amerikanerin Victoria („Vicki") von Meter (1982–2008) erregt als jüngste Fliegerin der Welt großes Aufsehen. Sie steuert als Zehnjährige erstmals ein Flugzeug,

25. März 1993: Die Britin Barbara Hamer ist die erste Frau, die – als Erster Offizier und Kopilotin – mit einem kommerziellen Überschallflugzeug fliegt. Dies geschieht bei einem Flug mit „British Airways" auf der „Concorde" von London nach New York City.

20. bis 23. September 1993: Vicki van Meter überfliegt im Alter von elf Jahren die USA – von Augusta (Maine) nach San Diego (Kalifornien).

1993: Sarah Deal wird erster weiblicher Pilot des „United States Marine Corps".

21. April 1994: Jackie Parker qualifiziert sich als erste Pilotin für das F-16-Kampfflugzeug.

4. bis 7. Juni 1994: Vicki van Meter überfliegt im Alter von zwölf Jahren den Atlantik.

12. Juli 1994: Die elfjährige Amerikanerin Katrina Mumaw wird das „schnellste Kind der Welt": Sie bricht zusammen mit einem russischen Piloten in einem „MiG-29"-Kampfjet die Schallmauer.

1994: Kara Hultgreen (1965–1994) wird die erste Kampfpilotin der US-Marine in einer „F-14 Tomcat".

3. Oktober 1994 bis 22. März 1995: Die Russin Elena Kondakowa, nach anderer Schreibweise Yelena Vladimirovna Kondakova, unternimmt den ersten Dauerflug einer Frau im All.

3. bis 11. Februar 1995: Eileen Collins wird die erste amerikanische Raumfährenpilotin bzw. Shuttlepilotin.

1995: Martha McSally unternimmt bei der Operation „Southern Watch" als erste Pilotin der US-Luftwaffe (von Kuwait aus) Kontrollflüge in feindlichem Gebiet (Irak). Sie ist die erste Pilotin der „U.S. Air Force", die mit einem Militärflugzeug über Feindgebiet fliegt.

22. März bis 26. September 1996: Shannon Lucid wird mit einem 188 Tage langen Flug die Amerikanerin, die sich am längsten im Weltraum aufhält.

19. November 1997: Kalpana Chawla (1961–2003) unternimmt mit der amerikanischen Raumfähre „Columbia" als erste Inderin einen Flug im Weltall.

16. Dezember 1998: Kendra Williams, Leutnant bei der „United States Navy", bombardiert bei der Operation „Desert Fox" als erster weiblicher Kampfpilot der USA über dem Irak ein feindliches Ziel.

12. Januar 1999: Erstmals ist das Cockpit einer „Swissair"-Maschine ausschließlich mit Frauen besetzt: Kapitän Gabrielle Musy-Lüthi und Kopilotin Claudia Wehrli fliegen einen „Airbus A320" von Zürich-Kloten nach Paris.

23. bis 28. Juli 1999: Eileen Collins wird die erste Kommandantin einer amerikanischen Raumfähre („Space Shuttle").

Januar bis Mai 2001: Die Britin Polly Vacher unternimmt als erste Frau mit einem Kleinflugzeug („Piper PA-28 Cherokee Dakota G-FRGN") – über Australien – einen Flug um die Welt.

6. Mai 2003 bis 27. April 2004: Polly Vacher fliegt von Birmingham aus über den Nordpol, die Antarktis und alle Erdteile. Damit wird sie die erste Frau, die allein die Polarregionen überquert. Bei diesem Unternehmen fliegt sie auch innerhalb von 16 Stunden von Hawaii nach Kalifornien.

Um 2005: Hanadi Zakaria al-Hindi wird der erste weibliche Flugkapitän in Saudi-Arabien.

13. März 2006: Die amerikanische Pilotin Elizabeth A. Okoreeh-Baah fliegt als erste Frau ein senkrecht startendes „V-22 Osprey Tiltrotor"-Flugzeug.

2006: Nicole Malachowski wird als erste Frau bei den „Thunderbirds", einer Kunstflugstaffel der Luftstreitkräfte der USA, aufgenommen.

18. bis 29. September 2006: Die amerikanisch-iranische Multimillionärin Anoushe Ansari wird der erste weibliche Weltraumtourist, der erste weibliche Muslim und die erste Iranerin im Weltraum. Sie startet am 18. September 2006 mit einem Sojus-Raumschiff zur „Internationalen Raumstation" („ISS"), erreicht am 20. September die „ISS" und kehrt am 29. September 2006 mit „Sojus TMA-8" zur Erde zurück.

Autor Ernst Probst.
Foto: Klaus Benz, Mainz-Laubenheim

Der Autor Ernst Probst

Ernst Probst, geboren am 20. Januar 1946 in Neunburg vorm Wald im bayerischen Regierungsbezirk Oberpfalz, ist Journalist und Buchautor. Er arbeitete von 1968 bis 1971 als Redakteur bei den „Nürnberger Nachrichten", von 1971 bis 1973 in der Zentralredaktion des „Ring Nordbayerischer Tageszeitungen" in Bayreuth und von 1973 bis 2001 bei der „Allgemeinen Zeitung", Mainz. In seiner Freizeit schrieb er Artikel für die „Frankfurter Allgemeine Zeitung", „Süddeutsche Zeitung", „Die Welt", „Frankfurter Rundschau", „Neue Zürcher Zeitung", „Tages-Anzeiger", Zürich, „Salzburger Nachrichten", „Die Zeit", „Rheinischer Merkur", „Deutsches Allgemeines Sonntagsblatt", „bild der wissenschaft", „kosmos", „Deutsche Presse-Agentur" (dpa), „Associated Press" (AP) und den „Deutschen Forschungsdienst" (df). Aus seiner Feder stammen die Bücher „Deutschland in der Urzeit" (1986), „Deutschland in der Steinzeit" (1991), „Rekorde der Urzeit" (1992), „Dinosaurier in Deutschland" (1993 zusammen mit Raymund Windolf) und „Deutschland in der Bronzezeit" (1996). Ab 2000 veröffentlichte er eine 14-bändige Taschenbuchreihe über berühmte Frauen. Von 2001 bis 2006 betätigte sich Ernst Probst als Buchverleger.

E-Books über „Königinnen der Lüfte"

Aida de Acosta. Erster Alleinflug
mit einem lenkbaren Luftschiff
Elsa Andersson. Die erste Pilotin aus Schweden
Jacqueline Auriol. Sie durchbrach als erste
Europäerin
die Schallmauer
Liesel Bach. Deutschlands erfolgreichste
Kunstfliegerin
Pancho Barnes. Amerikas erste Stuntpilotin
Maryse Bastié. Die Fliegerin,
die acht Weltrekorde brach
Jean Batten. Neuseelands berühmteste Pilotin
Melli Beese. Die erste Deutsche mit Pilotenlizenz
Elly Beinhorn. Deutschlands Meisterfliegerin
Vera von Bissing. Eine Kunstfliegerin
der 1930-er Jahre
Sophie Blanchard. Die erste professionelle
Luftschifferin
Adrienne Bolland. Die erste Frau,
die über die Anden flog
Hèléne Boucher. Die französische „Wunderfliegerin"
Kalpana Chawla. Die erste Inderin im Weltall
Jacqueline Cochran. Die „schnellste Frau der Welt"
Bessie Coleman. Die erste Afro-Amerikanerin
mit Pilotenschein

Eileen Collins. Die erste Raumfähren-Pilotin
Hèléne Dutrieu. Die erste Pilotin in Belgien
Amelia Earhart. Die erste Frau, die zwei Mal
über den Atlantik flog
Ruth Elder. Die erste Frau, die den Flug
über den Atlantik wagte
Marga von Etzdorf. Die tragische deutsche Fliegerin
Elise Garnerin. Die „Venus im Ballon"
Sabiha Gökcen. Die erste türkische Pilotin
Frances Wilson Grayson. Tragischer Flug
über den Atlantik
Hilda Hewlett. Die erste britische Fliegerin
Maryse Hilsz. Die Rekordfliegerin aus Frankreich
Luise Hoffmann. Die erste deutsche Einfliegerin
Kara Spears Hultgreen. Die erste „F-14 Tomcat"-
Kampfpilotin
Laura Ingalls. Die erste Amerikanerin,
die über Südamerika flog
Carol Mae Jemison. Die erste afro-amerikanische
Astronautin
Amy Johnson-Mollison. Englands erste
Flugzeugmechanikerin
Thea Knorr. Eine frühe Fliegerin in München
Raymonde de Laroche. Die erste Pilotin der Welt
Ruth Law. Erste Luftpost für die Philippinen
Anne Morrow Lindbergh. Die erste Amerikanerin
mit Segelflugschein.
Anne Löwenstein-Wertheim. Die fliegende Prinzessin

Shannon Lucid. Der längste Raumflug einer Frau
Rita Maiburg. Einer der ersten weiblichen
Linienflugkapitäne
Beryl Markham. Die erste Berufspilotin in Ostafrika
Marie Marvingt. Die „Mutter der Luftambulanz"
Christa McAuliffe. Die amerikanische Nationalheldin
Victoria van Meter. Die jüngste Fliegerin der Welt
Jerry Mock. Im Alleinflug um die Erde
Mathilde Moisant. Eine frühe Fliegerin in den USA
Käthe Paulus. Deutschlands erste Luftschifferin
Thérèse Peltier. Die erste Flugzeugpassagierin
der Welt
Harriet Quimby. Die erste Amerikanerin
mit Flugschein
Bessica Medlar Raiche. Eine der ersten Fliegerinnen
in den USA
Barbara Allen Rainey. Die erste Marinepilotin
der USA
Thea Rasche. The Flying Fräulein
Marina Raskowa. Eine fliegende „Heldin
der Sowjetunion"
Wilhelmine Reichard. Die erste Ballonfahrerin
in Deutschland
Hanna Reitsch. Die Pilotin der Weltklasse
Sally Kristen Ride. Die erste Amerikanerin
im Weltall
Swetlana Sawizkaja. Die erste Spaziergängerin
im Weltall

Christl-Marie Schultes. Die erste Fliegerin in Bayern
Blanche Stuart Scott. Die erste Amerikanerin,
die ein Flugzeug flog
Melitta Schenk Gräfin von Stauffenberg.
Deutsche Heldin mit Gewissensbissen
Katherine Stinson und Marjorie Stinson.
Die fliegenden Schwestern
Kathryn Dwyer Sullivan. Rekordspaziergängerin
im Weltall
Walentina Tereschkowa. Die erste Frau im Kosmos
Élisabeth Thible. Die erste Passagierin
einer Montgolfière
Kathryn Thornton. Berühmte Spaziergängerin
im Weltall
Sabine Trube. Die deutsche Düsenjet-
Kommandantin
Beate Uhse. Deutschlands erste Stuntpilotin
Nancy Bird Walton. Australiens erste
und jüngste Verkehrspilotin

Bestellungen von E-Books bei: www.grin.com

Bücher von Ernst Probst

Christl-Marie Schultes. Die erste Fliegerin in Bayern
(zusammen mit Theo Lederer)
Tony und Bruno Werntgen. Zwei Leben
für die Luftfahrt (zusammen mit Paul Wirtz)
Der Schwarze Peter. Ein Räuber im Hunsrück
und Odenwald
Elisabeth I. Tudor. Die jungfräuliche Königin
Julchen Blasius. Die Räuberbraut
des Schinderhannes
Frauen im Weltall
Drei Königinnen der Lüfte in Bayern
(zusammen mit Josef Eimannsberger)
Königinnen der Lüfte von A bis Z
Königinnen der Lüfte in Europa
Königinnen der Lüfte in Deutschland
Königinnen der Lüfte in Frankreich
Königinnen der Lüfte in England,
Australien und Neuseeland
Königinnen des Tanzes
Machbuba. Die Sklavin und der Fürst
Maria Stuart. Schottlands tragische Königin
Meine Worte sind wie die Sterne. Die Entstehung
der Rede des Häuptlings Seattle
(zusammen mit Sonja Probst)

Superfrauen 1 – Geschichte
Superfrauen 2 – Religion
Superfrauen 3 – Politik
Superfrauen 4 – Wirtschaft und Verkehr
Superfrauen 5 – Wissenschaft
Superfrauen 6 – Medizin
Superfrauen 7 – Film und Theater
Superfrauen 8 – Literatur
Superfrauen 9 – Malerei und Fotografie
Superfrauen 10 – Musik und Tanz
Superfrauen 11 – Feminismus und Familie
Superfrauen 12 – Sport
Superfrauen 13 – Mode und Kosmetik
Superfrauen 14 – Medien und Astrologie
Superfrauen im Wilden Westen

Rekorde der Urzeit
Rekorde der Urmenschen
Archaeopteryx. Die Ur-Vögel aus Bayern
Der Ur-Rhein. Rheinhessen
vor zehn Millionen Jahren
Der Rhein-Elefant. Das Schreckenstier
von Eppelsheim
Deutschland im Eiszeitalter
Der Höhlenlöwe. Raubkatzen im Eiszeitalter
Der Mosbacher Löwe. Die riesige Raubkatze
aus Wiesbaden
Der Höhlenbär

Affenmenschen. Von Bigfoot bis zum Yeti
Monstern auf der Spur. Wie die Sagen über Drachen,
Riesen und Einhörner entstanden
Seeungeheuer. Von Nessie
bis zum Zuiyo-maru-Monster

Der Ball ist ein Sauhund. Weisheiten und Torheiten
über Fußball (zusammen mit Doris Probst)
Worte sind wie Waffen. Weisheiten und Torheiten
über die Medien (zusammen mit Doris Probst)
Schweigen ist nicht immer Gold.
Zitate von Ernst Probst
Weisheiten der Indianer

Bestellungen bei: www.grin.com